AF226341

CONFÉRENCE MONTESQUIEU

DISCOURS

PRONONCÉ

A LA SÉANCE DE RENTRÉE, LE VENDREDI 4 DÉCEMBRE 1868

PAR

M. FEUILLOLEY

AVOCAT A LA COUR IMPÉRIALE, ATTACHÉ AU CABINET DE S. E. MONSIEUR LE GARDE DES SCEAUX,
MINISTRE DE LA JUSTICE ET DES CULTES

PRÉSIDENT DE LA CONFÉRENCE

PARIS

IMPRIMERIE DE VICTOR GOUPY

RUE GARANCIÈRE, 5.

1869

CONFÉRENCE MONTESQUIEU

SÉANCE DE RENTRÉE, LE VENDREDI 4 DÉCEMBRE 1868

Présidence de M. FEUILLOLEY

Avocat à la Cour impériale,
Attaché au cabinet de S. E. Monsieur le Garde des sceaux, Ministre de la Justice et des Cultes.

Messieurs,

Chargé par vous de prononcer, à la rentrée de notre Conférence, le discours d'usage, j'ai pensé qu'aucun sujet n'était plus digne de votre attention qu'une étude sommaire sur la vie et les œuvres de Montesquieu. J'ai pensé qu'il ne serait pas sans intérêt pour vous de suivre avec moi les différentes phases de l'existence de ce grand homme, d'étudier le milieu où il vécut, les circonstances dans lesquelles son génie donna naissance aux ouvrages qui font sa gloire, et de voir en quoi le jugement que portèrent sur lui ses contemporains diffère de celui de la postérité ; c'est la carrière que je me propose de parcourir.

Montesquieu appartient tout entier à l'histoire littéraire du XVIII\ siècle ; il avait 24 ans quand Louis XIV mourut ; les grands génies du XVII\ siècle n'étaient plus. Racine était mort en 1699, Bossuet en 1704. Fénelon, le dernier représentant de cette brillante époque, le seul qui, au milieu des splendeurs du grand règne, eût paru soupçonner pour les peuples le droit de disposer de leurs destinées, Fénelon était mort en 1715.

A cette génération d'écrivains qui avaient jeté sur la France et sur leur siècle un éclat incomparable, avait succédé une école sceptique et légère qui cessa d'admirer exclusivement les anciens et se prit à imiter la littérature des nations voisines. Cette influence nouvelle date des dernières années du long

règne de Louis XIV ; une transformation dans le domaine
lettres, comme dans le domaine politique, s'annonce et co
mence à se faire sentir. L'autorité, affaiblie par les revers de
vieillesse du grand roi, perd de son prestige ; les esprits ava
cés de l'époque n'ont plus pour elle cette vénération de
Bossuet nous fournit, à chaque page de ses écrits, de si frappa
exemples. L'école critique commence à protester contre
splendeur monarchique de Louis XIV, contre la dominati
religieuse de Bossuet et contre l'autorité dogmatique de l'an
quité ; choses différentes, mais réunies et confondues dans l'
prit du XVIIe siècle.

Cependant la vieille langue demeurait pure et semblait res
étrangère aux modifications que le goût de la philosophie c
tique et du libre examen commençait à apporter à l'art de pe
ser ; ce ne fut que plus tard que ce changement s'opéra et qu'
reconnut que la forme et le fond étaient également chang
Massillon, Rollin, Vertot appartenaient encore par la langue
. siècle précédent ; Montesquieu fut un intermédiaire entre
style simple et châtié et le style imagé, hardi et trop souve
déclamatoire, de la seconde moitié du XVIIIe siècle.

Né le 18 janvier 1689, au château de la Brède, près de Bo
deaux, Montesquieu fut de bonne heure destiné à la magistr
ture par son oncle paternel, président à mortier au parlement
cette ville. Dès son jeune âge, il montra une grande applicati
au travail, et l'étude approfondie qu'il fit alors des lois romain
lui fournit plus tard de précieux matériaux pour ses grands o
vrages. Devenu successivement conseiller au parlement, pu
président à mortier en remplacement de son oncle, il cherch
dans la philosophie et l'histoire naturelle une distraction au
devoirs d'une profession pour laquelle il avait peu de vocatio
Une controverse pour prouver que les peuples, privés des lu
mières de la révélation, ne sont pas nécessairement condamné
aux peines éternelles, fut son premier ouvrage. A l'académie d
Bordeaux, dont il fut un des fondateurs, il lut différents mé

moires sur *l'Écho, la transparence des corps,* etc., et enfin une
dissertation sur la politique des Romains dans la religion,
opuscule remarquable qui semble être un prélude au magnifique traité *de la Grandeur et de la Décadence des Romains.*

Montesquieu, Messieurs, comme Montaigne son compatriote,
était doué d'une imagination vive et brillante qui le portait naturellement vers des objets moins arides que les textes et la ju-
risprudence. Frappé des abus et des travers de la société de son
temps, des préjugés et des erreurs qui y étaient accrédités, il en
saisissait les ridicules et les contrastes, et oubliant parfois la
gravité de sa profession, le magistrat devenait satirique ; il fit
les *Lettres Persanes.*

Là, sous le nom de Persans qui séjournent à Paris et trans-
mettent à des amis ce que nous appellerions leurs impressions
de voyage, Montesquieu se donne pleine carrière : la cour, les
grands, la province, la religion, le gouvernement, tout est passé
en revue dans cet ouvrage, que M. Villemain appelle, non sans
raison, le plus profond des livres frivoles. On y remarque en
effet déjà le goût de l'auteur pour la politique et l'étude philosophique des lois, des coutumes et des mœurs.

L'ouvrage imprimé en Hollande en 1721, sans nom d'auteur
(il n'est pas digne d'un homme grave, dit Montesquieu, dans la
préface) obtint un succès prodigieux ; le ton était en rapport
avec le goût du siècle ; il frondait les abus, faisait réfléchir en
amusant et découvrait des aperçus nouveaux, sous la forme si
française de l'ironie et du paradoxe. Ce succès mit les lettres
de ce genre à la mode, et, comme nous l'apprend Montesquieu
lui-même, les libraires allaient tirant par la manche tous ceux
qu'ils rencontraient, en leur disant : Monsieur, faites-moi des
Lettres Persanes.

Quoique Montesquieu eût gardé l'anonyme, personne n'igno-
rait qu'il fût l'auteur de cet ouvrage ; c'est alors qu'il se décida
à quitter la magistrature, afin de se livrer tout entier à son goût
pour l'étude et la philosophie ; il vendit sa charge qui l'ennuyait ;

« Je n'aimais pas la procédure, dit-il lui-même, et ce qui m'en
« dégoûtait le plus, c'est que je voyais à des bêtes le talent qui
« me fuyait pour ainsi dire. » Quoiqu'il n'eût encore fait pa-
raître aucun ouvrage sous son nom, l'académie lui ouvrit ses
portes ; il fallut bien faire quelques désaveux, porter au cardinal de Fleury une édition *expurgata* des Lettres Persanes, et
renier quelques critiques qui avaient alarmé le ministre ;
celui-ci se déclara satisfait, et la nomination de Montesquieu fut
approuvée ; il avait alors 39 ans.

Son discours de réception, qui ne fut qu'un simple remercî-
ment plein de modestie, renferme un portrait du cardinal de
Richelieu, tracé de main de maître.

Dégagé des devoirs de la magistrature, satisfait dans son am-
bition, et peut-être aussi fatigué de la vie facile et brillante mais
monotone et factice de Paris, Montesquieu résolut de voyager ;
étudier de près les mœurs et les lois des peuples, les rappro-
cher, les comparer, les expliquer les unes par les autres, re-
chercher les rapports nécessaires qui les régissent, c'était
bien une œuvre digne de tenter le génie de l'auteur de l'*Esprit
des Lois*.

Il alla d'abord en Autriche où il se lia avec le prince Eugène,
visita la Hongrie où il vit les derniers restes de l'organisation
féodale qu'il dépeignit d'une façon si frappante dans le dernier
chapitre de l'Esprit des Lois. Il parcourut ensuite l'Italie,
Gênes, Florence, Rome où il connut le cardinal Corsini, depuis
pape sous le nom de Clément XII, et le cardinal de Polignac,
auteur de l'*Anti-Lucrèce*, enfin Venise où il rencontre lord
Chesterfield et Law, l'auteur du système. Si l'on en juge par un
passage de l'*Esprit des Lois*, le fameux gouvernement de cette
ville et la terrible inquisition d'État n'obtinrent pas les sympathies de Montesquieu. Il ne fit à Venise qu'un court séjour, et,
accompagné de son ami lord Chesterfield, il se rendit par la
Suisse et la Belgique en Hollande, où il étudia les mœurs répu-
blicaines ; de là, il passa en Angleterre, et fut accueilli par tout

ce qu'il y avait à Londres d'illustre et de distingué ; il y resta deux ans.

De retour en France, il chercha le repos dans son château de la Brède, où « il adorait l'écho, » selon l'expression qu'il empruntait à Pythagore, pour exprimer l'amour de la retraite. C'est là qu'il écrivit les considérations sur les causes de la *Grandeur des Romains et de leur décadence*, qui parurent en 1734. C'est un résumé en 200 pages de toute l'histoire romaine. Vingt siècles, depuis la fondation de Rome jusqu'à la prise de Constantinople, sont renfermés dans ce cadre étroit sans confusion et sans rien perdre de leur grandeur ; vous voyez naître l'immense empire dans la faible enceinte où Romulus renfermait ses bestiaux et son butin ; vous le voyez, sous l'influence des causes dévoilées par l'auteur, se développer et embrasser l'univers, puis décroître et tomber réduit aux faubourgs de Constantinople. « Il finit, c'est le dernier trait du tableau, « comme le Rhin qui n'est plus qu'un ruisseau quand il se perd « dans l'Océan. »

On croirait lire un magnifique développement de cette partie de la *Suite des Empires* où Bossuet montre les causes du « progrès de chaque nation et de sa décadence, ces secrètes dispositions qui ont préparé les grands changements et les conjonc- « tures qui les ont fait arriver. »

De savants critiques ont presque prouvé que cet admirable traité était un chapitre destiné à l'*Esprit des Lois* que Montesquieu crut devoir en détacher, parce qu'il eût rompu les proportions du monument.

Passons, Messieurs, à ce dernier ouvrage, qui fut « la pensée dominante » de toute la vie de Montesquieu. Il nous initie lui-même, dans sa préface, aux « alternatives de confiance et de découragement » qu'il avait traversées. Il travailla plus de vingt ans, recommençant bien des fois et bien des fois abandonnant son ouvrage. Enfin il toucha terre et s'écria, comme les compagnons d'Énée, à la vue du Latium : « *Italiam, Italiam.* »

L'*Esprit des Lois* fut imprimé à Genève en 1748 ; peut-être l'auteur craignait-il de ne pas obtenir à Paris l'autorisation alors nécessaire. On est d'autant plus porté à le croire qu'il semble nous en avertir lui-même en inscrivant au frontispice de son livre ces mots énigmatiques : « *prolem sine matre creatam.* » — Cette mère absente, c'était la liberté.

Ce qui frappe, dès les premières pages de l'*Esprit des Lois*, c'est le caractère nettement spiritualiste de cet ouvrage, c'est le magnifique exposé des sources divines de ces « relations nécessaires qui dérivent de la nature des choses» et qu'on appelle les lois.

Le génie de Montesquieu ne s'était pas laissé surprendre par les doctrines matérialistes que Locke et Condillac avaient mises à la mode, et dont on retrouve la trace plus ou moins cachée dans la plupart des écrits de l'époque. Glorieuse réaction contre cette tendance ! noble revendication du droit de la conscience humaine, en présence de ces doctrines funestes qui, aujourd'hui encore, se montrent plus audacieuses que jamais !

Montesquieu avait été précédé dans cette voie par l'auteur des *Lois civiles*, merveilleuse synthèse dans laquelle Domat, ne séparant jamais le droit de sa destination providentielle, l'éclaire des vives lumières de la morale et de la religion.

« Les lois, dit Montesquieu, sont les rapports nécessaires qui « dérivent de la nature des choses. » Toujours citée et par les jurisconsultes qui ont traité des lois positives et par les philosophes qui, dans une sphère plus élevée et des études spéculatives, ont cherché à approfondir les règles de la destinée humaine, cette définition a été souvent critiquée. Les uns, préoccupés uniquement des règles impératives auxquelles l'homme est contraint de se soumettre, l'ont trouvée trop complexe et trop générale ; d'autres lui ont reproché de ne pas présenter à l'esprit une image saisissante des lois. Sans m'arrêter à discuter ces critiques, je vous dirai, Messieurs, que cette grande définition pouvait seule être inscrite en tête d'un livre où toutes les questions qui intéressent l'homme, dans ses rapports avec ses semblables, sont traitées sous tous les aspects et avec une supériorité de vues qui étonne et confond.

Jetons les yeux sur quelques points :

C'est d'abord la célèbre division des gouvernements en république, monarchie et despotisme.

Critiquée par Voltaire qui prétend que le despotisme n'est pas une forme de gouvernement, mais un abus de la force, la classification de Montesquieu est cependant restée, parce qu'elle est claire et saisissante, et que tous les gouvernements connus peuvent s'y ranger facilement.

Chaque gouvernement a sa nature fondée sur le climat et le sol.

La nature de la république est que le peuple y soit souverain et y élise ses magistrats; la nature de la monarchie est qu'un seul y gouverne d'après des lois fondamentales et avec des corps intermédiaires; enfin la nature du despotisme est qu'un seul y commande au gré de ses caprices.

Outre sa nature, chaque gouvernement a son principe, c'est-à-dire un ressort principal qui en meut les institutions. Le principe de la république est la vertu, celui de la monarchie, l'honneur, celui du despotisme, la crainte.

Montesquieu donne à ces grandes théories la sanction de l'histoire, et en déduit d'une main ferme les conséquences pratiques.

C'est ainsi qu'il dégage la division du pouvoir en législatif et exécutif, division qu'il a le premier nettement formulée ; il trace à chacun de ces pouvoirs sa sphère, et montre que de leur juste pondération dépendent l'ordre et la liberté. S'ils sont réunis dans la même main, il y a tyrannie. Ici se trouve un tableau de la confusion des deux pouvoirs dans une assemblée délibérante. Vous diriez que l'auteur a entrevu, de l'œil du génie, la Convention nationale et sa terrible centralisation.

Le pouvoir exécutif comprend les jugements civils et criminels, mais il ne doit les exercer que par délégation. C'est ce qui constitue le pouvoir judiciaire.

Avec quelle sûreté de vues l'auteur nous retrace le rôle de l
religion dans les différentes formes de gouvernement, e
comme, lorsqu'il arrive au christianisme, il démontre, d'un
façon tour à tour sublime et touchante, son action puissant
sur le bonheur de l'humanité ! Écoutons-le, quand il résume s:
théorie des gouvernements : « Les principes du christianisme
« dit-il, bien gravés dans le cœur, sont infiniment plus fort:
« que ce faux honneur des monarchies, ces vertus humaines de
« républiques et cette crainte servile des états despotiques. »

Je ne pourrais, Messieurs, suivre Montesquieu dans ses sa
vantes déductions sans aborder ces graves questions qui m
mèneraient trop loin : la liberté individuelle, la liberté de:
cultes, les lois pénales, le jury, la libre défense des accusés, l
droit des gens, la guerre, la conquête, la théorie des impôts
le droit de suffrage, les armées permanentes, le commerce avec
ses développements intérieurs, ses rapports internationaux e
son rôle civilisateur.

Voici quelques-unes de ses vues sur ces graves sujets :

« Si vous examinez les formalités de la justice dans le rap-
« port qu'elles ont avec la liberté et la sûreté des citoyens
« vous en trouvez toujours trop peu. »

« Dans les États modérés où la tête du moindre citoyen es
« considérable, on ne lui ôte son honneur et ses biens qu'après
« un long examen ; on ne le prive de la vie que quand la patrie
« elle-même l'attaque et elle ne l'attaque, qu'en lui laissant tous
« les moyens possibles de la défendre. »

« Nous avons une loi admirable, c'est celle qui veut que le
« prince, établi pour faire exécuter les lois, prépose, dans cha-
« que tribunal, un officier pour poursuivre en son nom tous
« les crimes. »

Que ne puis-je vous citer, Messieurs, les énergiques protesta-
tions de Montesquieu contre la torture, la confiscation, les peines arbitraires !

« En Angleterre, dit-il, les jurés décident si l'accusé est cou-

« pable ou non du fait porté devant eux ; s'il est déclaré cou-
« pable, le juge prononce la peine que la loi inflige ; pour cela,
« il ne lui faut que des yeux. »

Quant au droit de suffrage, « tous les citoyens, dit-il,
« doivent avoir le droit de donner leur voix pour choisir les
« représentants, excepté ceux qui sont dans un tel état de bas-
« sesse qu'ils n'ont point de volonté propre ; mais il faut que le
« petit peuple soit éclairé par les principaux et contenu par la
« gravité de certains personnages. »

C'est presque le suffrage universel avec les candidatures offi-
cielles.

En matière d'impôts, « les meilleurs sont ceux qui se con-
« fondent avec le prix de la marchandise (c'est nos contributions
« indirectes). Ils doivent être perçus en régie, qui est l'admi-
« nistration d'un bon père de famille qui lève lui-même avec
« économie et avec ordre ses revenus ; la régie épargne à l'État
« les profits immenses des fermiers, et au peuple les vexations
« des traitants et le scandale de leurs fortunes. »

C'est à propos des impôts que Montesquieu traite des armées
permanentes : « une maladie nouvelle s'est répandue en Europe,
« elle a saisi les princes et leur fait entretenir un nombre désor-
« donné de troupes ; elle a ses redoublements et devient néces-
« sairement contagieuse ; car sitôt qu'un État augmente ce qu'il
« appelle ses troupes, les autres soudain augmentent les leurs,
« de façon qu'on ne gagne rien par là que la ruine commune. »

On croirait ces lignes écrites d'hier, tant, malgré la modéra-
tion et les efforts de certains gouvernements, la maladie dont
parle Montesquieu fait encore de ravages en Europe.

Que ne puis-je mettre aussi sous vos yeux, Messieurs, le magnifique tableau de la constitution anglaise qui fut, pour le
peuple anglais lui-même, une révélation des perfections du
gouvernement représentatif ?

Mais les proportions de mon travail m'obligent à m'arrêter, et
je dois me borner dans l'examen de cette œuvre immense.

Je manquerais cependant à la tâche que je me suis imposée si je ne vous signalais quelques lacunes que j'ai cru remarquer dans *l'Esprit des Lois.*

On s'étonne que Montesquieu passe sous silence les États Généraux et que, dans les chapitres consacrés aux pouvoirs intermédiaires, il n'assigne pas à cette institution le rôle qu'elle a joué dans le développement de nos libertés.

Un oubli est-il possible, à un moment où plus que jamais les parlements prétendaient représenter la nation, et où les meilleurs esprits revendiquaient ce droit pour les États Généraux?

Il laisse également dans l'ombre les institutions communales et ce que nous appellerions aujourd'hui la décentralisation; préoccupé uniquement de l'étude des lois générales, il ne paraît pas songer qu'à côté de la grande personnalité de l'État, existent des collections d'individus ayant des intérêts spéciaux et distincts de ceux de l'État entier.

C'eût été cependant un sujet bien digne de tenter le génie de l'auteur de *l'Esprit des Lois,* et le grand mouvement communal, qui s'accomplit en France au XIIe et au XIIIe siècles, aurait dû l'avertir de l'importance de cette question.

Cette lacune est fâcheuse, et il serait curieux, aujourd'hui que la centralisation est vivement attaquée, de pouvoir invoquer, pour ou contre, l'autorité de Montesquieu.

On accuse l'auteur de *l'Esprit des Lois* d'accepter trop facilement des faits douteux et de s'appuyer sur des coutumes de peuples peu connus.

On lui reproche enfin de manquer de méthode, et d'errer çà et là où l'entraîne son imagination. J'avoue qu'au premier abord, on saisit mal l'enchaînement des idées et le plan de l'ouvrage. Au milieu de divisions et de subdivisions sans nombre, il faut un véritable effort de mémoire et d'attention pour ne pas s'égarer; une digression vous entraîne et vous avez perdu le fil. Cependant ce défaut me semble plus apparent que réel; d'Alembert a fait, dans l'Encyclopédie, une savante analyse de *l'Esprit des Lois*, et moi-même j'ai essayé de vous montrer que l'auteur a rattaché tous les points particuliers à des principes généraux.

Il est vrai que la lecture de l'ouvrage est quelquefois pénible ; des titres singuliers, des divisions imprévues et arbitraires dérangent l'attention, en voulant la fixer; quelquefois une pensée forme seule un chapitre, et la phrase est, pour ainsi dire, encadrée afin de mieux commander l'admiration.

Malgré ce qu'il y avait de fondé dans ces critiques, *l'Esprit des Lois* n'en était pas moins, peut-être, la plus grande œuvre du XVIIIe siècle.

Cependant la société frivole de cette époque, plus avide de plaisir que d'instruction, ne la comprit pas. On lut *l'Esprit des Lois* d'un œil distrait pour pouvoir en parler. Montesquieu n'obtint pas ce qu'il avait demandé, qu'on ne jugeât pas en un moment ce qui lui avait coûté vingt années de travail et de réflexion. Le mot d'une femme à la mode, que *l'Esprit des Lois* n'était que de l'esprit sur les lois, fit fortune à Paris; ce mot, qui avait juste ce qu'il fallait de vérité pour une épigramme, devint l'opinion que chacun s'empressa d'adopter, et il fut universellement reçu dans les salons, que Montesquieu n'était qu'un bel esprit.

Voltaire lui-même, qui avait écrit cette phrase célèbre : « Le « genre humain avait perdu ses titres, Montesquieu les a retrou- « vés et les lui a rendus, » ne fut pas toujours juste pour l'auteur de *l'Esprit des lois*. Il ne lui pardonna jamais son éloge de la religion chrétienne et le rôle qu'il assigne au christianisme dans l'œuvre de la civilisation. Souvent dans ses lettres il attaque avec vivacité sa méthode, ses principes et les conséquences qui en découlent. Helvétius lui reprochait d'être trop circonspect, de n'avoir pas fait table rase de toutes les institutions pour construire, comme Platon, un édifice parfait sur des bases nouvelles. Le président Hénault ne voyait dans *l'Esprit des Lois* qu'une réunion de matériaux pour un livre encore à faire: enfin

Silhouette, qui cependant connaissait l'Angleterre, conseillait à Montesquieu de jeter au feu son manuscrit.

Les attaques de Voltaire et d'Helvétius auraient dû au moins concilier à Montesquieu les sympathies du parti contraire; il n'en fut rien. Un gazetier janséniste, entre autres, publia contre l'*Esprit des Lois* des brochures anonymes auxquelles Montesquieu fit l'honneur d'une réponse. Les censures de l'hôtel de Rambouillet nous avaient valu, dans le siècle précédent, *la Critique de l'École des Femmes*; les diatribes d'un écrivain sans talent nous valurent *la Défense de l'Esprit des Lois*, chef-d'œuvre de plaisanterie légère et de discussion solide.

L'Angleterre comprit mieux que la France la portée de l'*Esprit des lois*; l'ouvrage y produisit une sensation extraordinaire, et le tableau de la constitution anglaise excita à Londres un enthousiasme universel. Le nom de Montesquieu y devint populaire : il nous l'apprend lui-même sous une forme naïve dans ses lettres familières : « Tout le monde me demande du « vin de la Brède : le succès de mon livre contribue, paraît-il « dans ce pays-là, au succès de mon vin. »

Voilà, Messieurs, à quelques exceptions près, les jugements portés sur Montesquieu par ses contemporains; celui de ses compatriotes était injuste, la postérité l'a réformé. Les critiques du XVIIIe siècle ont reçu du temps un éclatant démenti. Rousseau, l'idole de cette époque et l'écrivain qui a le plus contribué peut-être à soulever les esprits et à précipiter la chute de la monarchie, est aujourd'hui jugé, comme publiciste, à sa juste valeur.

Son *Contrat social*, dont le style brillant et parfois sublime avait ébloui les yeux des premiers réformateurs par des aperçus nouveaux et hardis, n'a pas survécu aux abus qu'il dénonçait; il n'a rien édifié; c'était le livre d'un moment. Montesquieu, au contraire, ne cherche pas à renverser et à détruire. Inspiré par un sage amour de l'humanité, ce n'est pas dans les révolutions et les bouleversements qu'il cherche le progrès, mais dans l'établissement de lois en rapport avec les besoins et les aspirations des peuples; c'est qu'il pressentait que ces commotions sociales, que nous avons depuis trop appris à connaître, loin de préparer la liberté, ne font qu'en retarder l'avénement. Sage pensée, Messieurs, que nous oublions, hélas! trop souvent, et que les prétendus amis de la liberté semblent avoir à cœur de méconnaître.

L'*Esprit des Lois* avait paru depuis six ans. La France avait appris de l'Angleterre que notre littérature comptait un chef-d'œuvre de plus. La critique se taisait; Montesquieu commençait à jouir paisiblement de sa gloire; il avait même été question, dans le Conseil du roi, de l'élever à la dignité de chancelier et de lui confier les sceaux; le seul obstacle fut le peu d'illustration de sa naissance. Plus heureuse, Messieurs, est notre époque où l'illustration personnelle suffit, et où le choix du souverain peut s'arrêter sur le plus digne.

Tout se réunissait donc pour présager à Montesquieu une de ces glorieuses vieillesses, dont Cicéron nous a tracé le tableau, quand une maladie attaqua sa constitution naturellement délicate. Il mourut le 10 février 1755, âgé de soixante-six ans.

Tel fut l'homme, Messieurs, dont le génie éminemment sage et pratique doit toujours servir de guide dans l'étude philosophique des lois et des institutions.

Depuis la publication de l'*Esprit des Lois*, la France et le monde entier ont été le théâtre des plus grands événements. Le souffle révolutionnaire a passé plus d'une fois sur notre patrie; les trônes se sont écroulés; les institutions ont été bouleversées. De l'ancienne monarchie, il n'est rien resté debout. A la souveraineté de droit divin a succédé la souveraineté par la volonté nationale, et le peuple a été plus directement que jamais associé au gouvernement par le suffrage universel. Tous les éléments politiques et sociaux sont changés : cependant l'autorité de Montesquieu est toujours la même et toujours invoquée par nos publicistes et nos législateurs. C'est que toutes

les questions vitales de l'existence des peuples sont
dans l'*Esprit des Lois*, avec la hardiesse et la supériorit
nie; c'est que l'œuvre est avant tout philosophique, e
problèmes qui y sont agités appartiennent, comme l'h
elle-même, à tous les temps et à tous les lieux.

Pour nous, Messieurs, qui nous sommes donné com
gramme l'étude des améliorations dont nos lois sont susc
n'oublions jamais cette pensée de Montesquieu : « Il e
« quefois nécessaire de changer certaines lois, mais le
« rare, et, lorsqu'il arrive, il n'y faut toucher que d'u
« tremblante. » Agissons donc toujours avec circons
que le désir d'améliorer ne nous porte point inconsidér
changer ce qui existe et ce qui a déjà pour soi la sanc
l'expérience. Continuons à apporter dans nos discussic
mes de la maturité et de la réflexion ; c'est à ce prix se
qu'elles peuvent profiter.

Nous atteindrons ainsi, Messieurs, le but que vous v
posiez, quand, heureusement inspirés, vous avez plac
Conférence sous le patronage du nom de Montesquieu.

www.ingramcontent.com/pod-product-compliance
Lightning Source LLC
Chambersburg PA
CBHW061623050726
47595CB00007B/3040